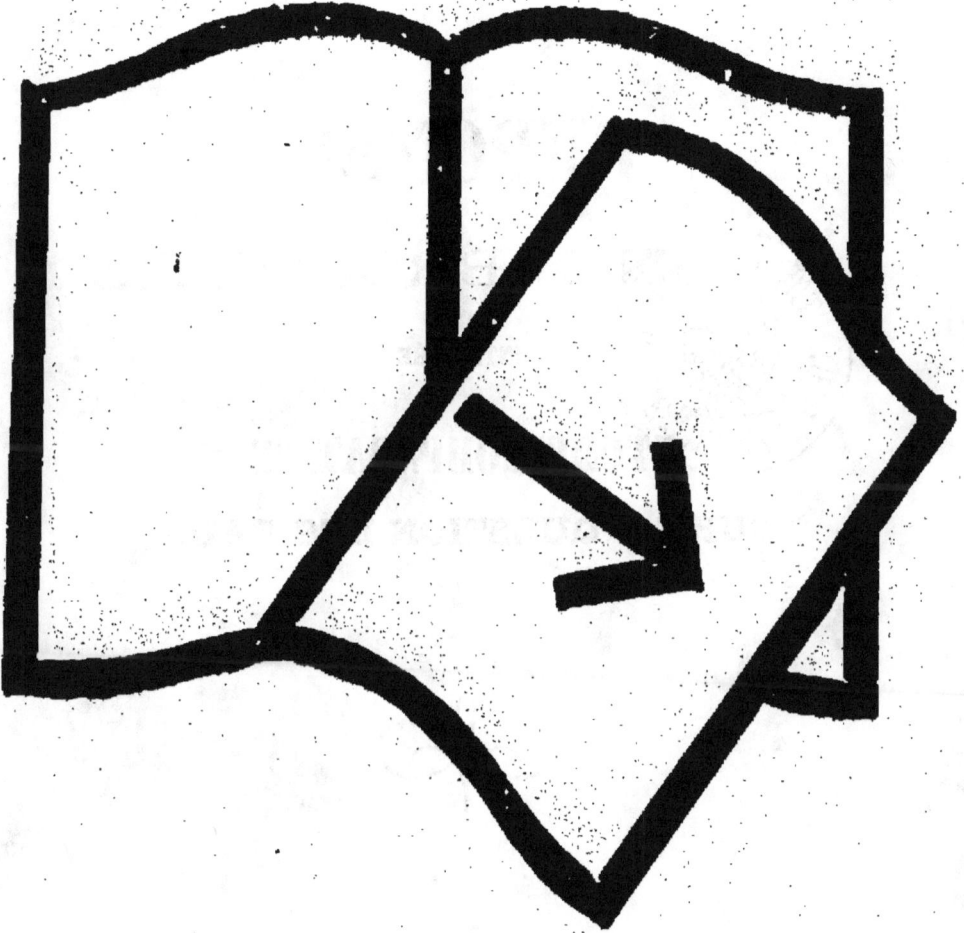

Couvertures supérieure et inférieure
manquantes

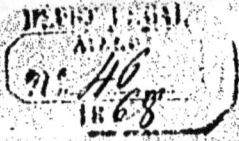
VILLE DE LAON.

RÉPONSE

A UNE BROCHURE

INTITULÉE

ÉTUDE COMPARATIVE

SUR LA QUESTION DES EAUX.

LAON

IMPRIMERIE H. DE COQUET ET G. STENGER

Rue Sérurier, 22.

1868.

RÉPONSE

A LA BROCHURE INTITULÉE

ÉTUDE COMPARATIVE

sur la Question des Eaux.

Une brochure contre le projet des eaux vient d'être publiée sous le nom de M. Midelet, propriétaire agriculteur à Vaux. Les critiques qu'elle formule reposent sur une étude comparative de ce projet et des travaux de distribution d'eaux, entrepris par la ville de Soissons. Elle prétend relever en outre des erreurs commises dans les calculs relatifs à l'éxécution des travaux, et à l'évaluation, soit des dépenses, soit des ressources financières.

Si l'auteur s'était borné à l'étude comparative qu'annonce son titre, nous n'aurions pas songé à discuter ses appréciations.

On se demande, en effet, quelle portée peut avoir une comparaison entre les projets de Laon et de Soissons,

Ces deux villes sont-elles dans la même situation ? Soissons est dans la plaine, et Laon sur un sommet élevé. Laon est obligée de prendre ses eaux à une plus grande distance et de les élever sur le plateau, à l'aide de machines à vapeur ; tandis que Soissons les prend à sa porte et les distribue sans autres frais qu'une simple turbine, et sans aucune ascension. D'ailleurs, du moment où il est reconnu, que pour Laon, l'eau est un besoin incontestable, du moment où l'administration supérieure, (dont il faut savoir attendre avec calme et déférence la décision), aura jugé que l'exécution du projet est possible, faudra-t-il se priver de cette eau, parceque les moyens de l'obtenir seront plus dispendieux que pour une ville plus heureusement douée, sous le rapport de la situation topographique et des ressources ?

Mais la prétention de signaler au public des erreurs qui n'existent pas, a frappé les membres du Conseil municipal qui ont voté le projet, et ils ont pensé qu'il importait de rétablir la vérité. Pour atteindre ce but, on examinera : 1° les critiques qui s'appliquent aux voies et moyens financiers, (rapport du 12 mai 1867) ; 2° celles qui touchent à l'exécution des travaux ; (rapport du 3 juin 1867).

§ 1er. Voies et moyens financiers.

Ce qui frappe tout d'abord, en abordant l'examen de cette question, c'est la contradiction qu'on cherche à établir, au moyen d'un rapprochement entre le passage d'un rapport de M. de Beauvillé sur les surtaxes où il est dit: « que les résultats du budget de l'exercice courant se traduisent à l'ordinaire par un déficit de 14,482 83 » et les énonciations du rapport de M. Lemaître où on lit « que l'excédant des recettes ordinaires ne saurait être inférieur à 10,000 fr. par an, représentant la partie des ressources ordinaires, qui a servi depuis plusieurs années à payer des dépenses tout à fait exceptionnelles. »

Il importe de faire disparaître cette prétendue contradiction.

Le signataire de la brochure est membre du Conseil municipal. Il doit se rappeler, comme tous ses collègues, que lorsqu'il a produit au Conseil cette objection, à propos de l'examen de la question des surtaxes, (1) l'auteur du rapport sur les

_____

(1) Le rapport de M. de Beauvillé dont il est ici question démontre que

voies et moyens du projet, lui a répondu, et plusieurs membres ont répondu avec lui que le mot ORDINAIRE avait été placé indûment dans cette partie du rapport; que les mots « *recettes annuelles* » doivent être substitués à « *recettes ordinaires* »; que c'était, en effet, l'excédant des recettes annuelles de toute nature, ordinaires et extraordinaires, constatées à la fin d'un exercice, qui formait, notamment à l'aide des surtaxes, le reliquat sur lequel pouvaient se prélever les 10,000 francs.

Le procès-verbal de la séance du 9 mars dernier, rectifié en ce sens dans la séance du 23, sur la demande de M. Midelet lui-même, mentionne cette explication et donne ainsi à la pensée du rapporteur et à celle du Conseil sa véritable signification.

Cela dit, il sera facile, surtout pour toute personne connaissant la comptabilité communale et le mécanisme des budgets de se convaincre qu'il n'y a, entre les deux assertions des rapports sur les surtaxes et sur les voies et moyens du projet des eaux mis en regard, aucune contradiction.

En effet, les surtaxes sont des ressources extraordinaires accordées pour combler annuellement le déficit des ressources ordinaires.

Le budget primitif de l'exercice courant, suivant le rapport de M. de Beauvillé, présente dans ses prévisions, en ce qui concerne l'ordinaire un déficit de 14,482f 83.

Comment sera couvert ce déficit de l'ordinaire?

En dehors des bonifications que présente annuellement le

les surtaxes ne grèvent en aucune façon les classes nécessiteuses, et la délibération qui suit ce rapport établit, à l'aide de documents certains, que le tarif de l'octroi de Laon est inférieur à ceux des villes voisines, Soissons et St-Quentin, surtout en ce qui concerne la viande et les combustibles, et qu'il vaut mieux recourir aux surtaxes sur les vins et les alcools que d'augmenter les taxes principales, ou d'imposer certains objets qui ne le sont pas à Laon et l'ont été à Soissons, St-Quentin et dans bien d'autres villes.

règlement définitif des exercices, ce sera par la ressource extraordinaire des surtaxes. Or, c'est cette ressource extraordinaire, qui, ajoutée aux ressources ordinaires jugées insuffisantes, constitue l'excédant au moyen duquel, après avoir pourvu à tous les services ordinaires, on a pu, depuis plusieurs années, payer des dépenses tout à fait exceptionnelles, et sur lequel se fera le prélévement de 10,000 fr. dont parle le rapport de M. Lemaître.

En voici la démonstration tirée du règlement définitif du dernier compte.

Les prévisions du budget primitif de l'exercice, en ce qui concerne l'ordinaire, se résument ainsi :

Recettes ordinaires. 144,749 22
Dépenses ordinaires. 150,613 25

                       Déficit 5,934 03

Le règlement de l'exercice a donné pour reliquat formé de l'ordinaire et de l'extraordinaire réunis, un excédant de 22,771' 36, restant net après qu'il a été pourvu complétement à tous les services inscrits aux budgets primitifs et supplémentaires.

Donc, le déficit de l'ordinaire a été plus que comblé par l'extraordinaire. Et pour montrer comment ce prélévement, non-seulement ne nuira pas aux services annuels, mais n'empêchera pas encore certaines améliorations, ajoutons que sur les 22,771 36, ci-dessus constatés, 12,000, (au lieu de 10,000), ont été affectés au prélévement anticipé qui jusqu'au paiement définitif des travaux de la distribution d'eau, doit avoir lieu dès à présent pour venir en déduction des 300,000, votés pour le projet. Les 10,771 36, restants ont été depuis le règlement du compte, et par délibérations spéciales du Conseil, affectés à certaines améliorations qui sont effectuées ou qui vont l'être, telles que l'appropriation des abords de la porte Saint-Martin, l'amélioration de deux grimpettes, les frais d'établissement de l'éclairage au gaz dans le faubourg de Vaux, l'ouverture d'une porte sur le rempart Dalaye, et l'affectation pour 2,500 francs au projet d'amélioration de la montagne de St-Marcel, et de pavage et d'assainissement de ce dernier faubourg.

En résumé, il résulte de ces explications, qu'il n'y a aucune contradiction à signaler, d'une part, un déficit à l'ordinaire dans les prévisions du budget primitif, et à constater d'autre part un excédant de recettes, lorsqu'on a obtenu pour combler ce déficit des ressources extraordinaires.

On a cru trouver ailleurs d'autres contradictions.

On a cité des passages d'un mémoire, d'un exposé et d'une lettre du maire des 11 février, 13 et 23 mars 1865.

On en a conclu que l'opinion de la municipalité, contraire à celle d'aujourd'hui, était alors, que le produit des concessions, *seul* et à l'exclusion de toutes autres ressources, devait servir à l'exécution du projet, et on demande comment elle se déjugerait elle-même aujourd'hui en affectant d'autres ressources à cette exécution.

Nous dirons d'abord que pour citer textuellement, ainsi qu'on a prétendu le faire, il faut citer complètement.

Si, après avoir reproduit ces expressions tirées d'une lettre du 23 mars, que la question ne peut être résolue « qu'au *moyen de concessions qui seraient prises par les propriétaires* » et ces autres tirées de l'exposé du 13 mars « *que le projet ne pouvait être résolu qu'au moyen de concessions,* » on avait bien voulu lire plus loin, et se reporter à la page 6 de cet exposé, on aurait vu comme complément de la pensée qui était exprimée, qu'indépendamment de ce produit, on estimait qu'il y aurait encore lieu de faire ultérieurement appel à la moitié des centimes additionnels, lorsqu'ils seraient redevenus libres.

Mais s'il faut citer complètement il faut surtout citer exactement. Or, voici une citation, mise entre guillemets, par laquelle on fait dire au Maire, er impliquant de sa part reconnaissance de l'impossibilité absolue de réaliser le projet « que jusqu'ici sa réalisation devait échouer devant le « manque de ressources financières. »

Il est dit, non pas dans l'exposé du Maire, mais dans la délibération du Conseil municipal du 13 mars 1865, à propos des tentatives infructueuses antérieurement faites pour avoir de l'eau :

« LE CONSEIL,

« Considérant que l'exécution du projet soumis à son exa- « men intéresse au plus haut point la ville de Laon; que jus- « qu'ici sa réalisation a échoué (et non *devait échouer*) devant « le manque de ressources financières, »

En admettant que cette inexactitude ne soit qu'une faute d'impression, cela prouverait du moins, qu'avant de signer, M. Midelet aurait dû collationner avec soin son manuscrit pour ne pas faire dire à la municipalité ce qu'elle n'a pas dit, et ce que le Conseil n'a pas dit lui-même.

Quoiqu'il en soit, la municipalité n'a pas à craindre ici de se déjuger.

Au moment où ont paru les mémoire, exposé et lettre des 11 février, 13 et 23 mars 1865, le projet actuel n'était pas encore formulé, et ne pouvait servir de base certaine à des appréciations rigoureuses. Il ne s'agissait que d'une simple étude à faire, et pour décider si elle devait être entreprise, et était susceptible d'aboutir, on ne pouvait que poser, et on n'a voulu, en effet, que poser des prévisions calculées d'après les anciens projets Bringol et Gaillard présentés en 1837, et d'après les comparaisons faites avec ceux exécutés dans les villes dont la situation topographique se rapprochait de celle de Laon.

L'appel aux concessions a donné 8,322 fr.; le Conseil municipal s'est demandé si à ce produit pouvaient s'adjoindre d'autres ressources : il a, comme l'indiquait l'exposé du 13 mars, ajouté au chiffre des concessions réalisées 10 centimes additionnels sur 20, et décidé d'après l'examen qu'il a fait de la comptabilité de la ville en remontant jusqu'à 1851, que la moyenne des bonifications des exercices permettait de faire un prélèvement de 10,000 fr. sur les excédants annuels. L'administration municipale ne se déjuge donc pas elle-même puisqu'après avoir, antérieurement à tout projet formulé, posé de simples prévisions, le Conseil municipal, qui juge les propositions, les accepte, les rejette ou les modifie, a fait entrer en ligne de compte dans les voies et moyens, les 10,000 fr. de prélèvement, après avoir sérieusement étudié la situation financière de la commune d'après les données développées ci-dessus.

Il est une autre allégation de la brochure qu'on ne peut passer sous silence.

On avance (page 11) qu'à partir de 1874 les *20 centimes* additionnels redevenus libres *seront prorogés jusqu'en 1896.*

Il importe de protester contre une erreur qui depuis la mise à l'Ordre du jour de l'étude du projet s'est accréditée, surtout dans les faubourgs et avec une persistance qui, on n'en peut douter, les a, plus que tout autre motif, rendu les adversaires du projet.

Il est notoire, en effet, d'après les dires de l'enquête, que ce qui a inspiré la protestation des habitants des faubourgs c'est surtout cette erreur, propagée de nouveau et avec plus de force au moment de cette enquête, que leurs contributions seraient augmentées pendant de longues années par l'exécution du projet.

Telle n'est pas la vérité : Il faut ici le répéter hautement, sur les 20 centimes redevenus libres, 10 seulement sont affectés à l'exécution du projet. Le rapport de M. Lemaître et le tableau d'amortissement joints à ce rapport l'établissent avec la plus complète clarté.

On s'étonne d'autant plus de l'affirmation contraire du signataire de la brochure, que les soussignés peuvent affirmer de la manière la plus formelle que le 20 avril 1867 lorsque le Conseil municipal fut appelé à délibérer sur une pétition des faubourgs où il s'agissait de la question des impositions, M. Midelet, pour écarter tout reproche d'avoir pu, par ses démarches égarer l'opinion des faubourgs, donna des explications qui prouvèrent qu'il avait cru que les 20 centimes étaient affectés à partir de 1874 au projet des eaux. Il fut alors éclairé et détrompé pleinement sur son erreur. Pourquoi la reproduire aujourd'hui?

Il faut examiner maintenant pour en relever les erreurs, les critiques dirigées contre le projet, au point de vue des dépenses d'exécution et des dépenses annuelles.

1° DÉPENSES D'EXÉCUTION.

La dépense prévue par M. Renard était de 288,000; par suite de modifications admises de concert avec lui ce chiffre s'est élevé à 291,700.

Le Conseil, voulant calculer largement, l'a porté à 300

mille francs. Dans cette dernière somme, est comprise celle
de 28,240 fr. 30 pour dépenses imprévues, savoir : 1°
19,910 fr. 30 formant la somme à valoir portée dans le devis
primitif de M. Renard, et 2° 8,800 fr. formant la différence
entre le chiffre de ce devis rectifié et la somme de 300,000 fr.

L'auteur de la brochure prétend que cette somme doit être
élevée à 419,700.

Pour former ce chiffre, il prend pour base celui de
300,000 fr. sans tenir compte de la somme à valoir, qui ex-
cède 28,000 fr. Il faut évidemment, dans le système de la
brochure qui prend pour point de départ les chiffres du projet, réduire cette base à 271,759 fr. 70.

On ne tient aucun compte du rabais que produira l'adjudi-
cation des travaux et qui, d'après l'exemple même de la
ville de Soissons, peut être évalué, au minimum, à 5 0/0 et
par suite couvrir les honoraires de l'architecte.

En effet, à Soissons, pour les travaux concernant le bâtiment hydraulique, les filtres et le réservoir, le rabais qui a
porté sur une somme de 77,000 francs a été de 5 % et pour
ceux concernant le service de la distribution, c'est-à-dire la
fonte et la fontainerie, pour lesquels le devis s'élevait à
156,000 fr. le rabais a été de 32-47 0/0 (1).

On ajoute, pour constituer ce prétendu chiffre de 419.700 fr.,
les suppléments destinés à augmenter la force des machines :
mais on oublie que ces suppléments sont compris dans le
chiffre total du projet, savoir 2,000 pour les machines et
1,700 pour le bâtiment (V. p. 22 et 23 du rapport).

On ajoute pour les fondations du réservoir un supplément

(1) Il convient, pour être juste et exact, de dire que par suite de circons-
tances particulières la maison qui a offert ces rabais a dû faire un sacrifice,
mais on reconnaîtra néanmoins qu'on est loin d'être exagéré en portant
sur ce point le rabais à espérer pour la ville de Laon au minimum de 5 0|0.

prévu en effet par le projet, Mais ce supplément ne doit être que de 2,000 fr. au maximum et non 5,000 fr.

On ajoute 6,000 fr. pour supplément de canalisation dans la ville ;

30,000 fr. pour des filtres ;

50,000 fr. pour une distribution d'eau dans les faubourgs.

Il faut évidemment rejeter ces chiffres, car il ne s'agit ici que du projet adopté par le Conseil municipal et approuvé par le Conseil général des ponts et chaussées. Or, M. Midelet n'ignore pas que dans ce projet la distribution d'eau aux faubourgs est ajournée, ainsi qu'il est expliqué au rapport, page 34. Quand aux filtres, ils sont inutiles parce qu'il ne s'agit pas d'eau de rivière, comme à Soissons, mais d'eau de source (V. p. 38 du rapport).

Le chiffre de 6,000 fr. pour supplément de canalisation dans la ville est arbitraire.

Il est étrange que la brochure fasse figure cet article pour une somme pareille, après avoir qualifié de *problématique* ce qu'elle appelle les *espérances* de concessions.

En effet, la canalisation prévue est plus étendue que dans la plupart des villes pourvues d'une distribution d'eau. (V. Rapport, p. 32.)

Elle ne serait augmentée que pour satisfaire aux demandes de nouvelles concessions, et le produit de ces concessions couvrirait en partie la dépense, et l'excédant serait pris sur a somme à valoir.

On ajoute les frais d'établissement des chemins d'accès et d'occupation de terrains ainsi que l'achat de 25 ares pour usine et des sources elles-mêmes, le tout pour 6,000 fr.

Ce chiffre est exagéré. En effet, les sources et les chemins ppartiennent à la ville (V. p. 38 du rapport).

L'acquisition de 25 ares pour l'usine n'excédera pas 1,200 fr.; les indemnités pour occupation de terrain n'atteindront pas cette somme, et le projet comprend une somme à valoir supérieure à 28,000 fr.

Restent les suppléments demandés par le Conseil général des ponts et chaussées. Ils ont nécessité le remaniement du devis primitif, et l'abaissement du prix de la fonte, qui demeure encore supérieur aux prix actuels, a couvert une partie de cette dépense supplémentaire. Il résulte du travail rectificatif de M. Renard qu'il n'y aura à reprendre sur la somme à valoir de 28,000 fr. que 1,185 fr. 55 au lieu de 1,291 fr. 50 fixé par la délibération du 21 février dernier.

Le chiffre de 300,000 fr. reste donc suffisant pour tous les travaux à exécuter tels qu'ils sont prévus et arrêtés.

2° DÉPENSES D'ENTRETIEN.

M. Midelet élève les frais d'entretien et de service des machines à 12,000 fr. Il y ajoute pour entretien des conduits et des bâtiments, les contributions, l'amortissement du matériel et l'imprévu 5,000 fr. au total 17,000 fr. au lieu de 9,000 fr. mais il ne produit aucune justification nouvelle à l'appui de ces chiffres qui ont été discutés par le Conseil municipal dont les délibérations à ce sujet ont été résumées dans les pages 39, 40 et 41 du rapport.

§ II. Exécution des Travaux.

Des erreurs graves sont à relever : ainsi la dépense pour la distribution des eaux dans la ville, que la brochure appelle très exactement dépense de canalisation, figure au projet pour 2,552 fr. 27 — M. Midelet dit que ce chiffre offre une erreur d'addition de 8,049 fr. 96 parce qu'il doit être de 80,602 fr. 23 Pour démontrer cette erreur, M. Midelet additionne les frais prévus pour les drains, l'aqueduc et la conduite de refoulement qui forment, en effet, cette dernière somme, et il en conclut que le rapport s'est trompé.

L'erreur est du côté de la critique. En effet, le chiffre de 72,552 fr. 27 c. pour la dépense de canalisation dans la ville est entièrement distinct des frais applicables à la prise d'eau et à la conduite de dérivation que la brochure appelle drains et aqueducs, ainsi qu'à la conduite de refoulement, lesquels s'élèvent ensemble à 80,602 fr. 23. Il ne faut donc pas s'étonner qu'en additionnant les frais prévus pour ces trois ordres de travaux on ne retrouve pas le premier chiffre. Car ce chiffre ne doit pas représenter une somme à laquelle, au contraire, il doit s'ajouter pour former, avec les autres détails du projet, la dépense totale.

M. Midelet élève à 50,000 fr. le prix des deux machines que M. Renard a porté à 45,000, y compris 3,000 fr. de somme à valoir, mais, il ne donne aucun motif de cette augmentation. M. Renard, en fixant son chiffre, a tenu compte de l'augmentation de force nécessaire pour fournir de l'eau aux faubourgs, et ce chiffre s'appliquant à des machines connues, est un prix certain et invariable. (V. p. 35 du rapp.)

La consommation de charbon par jour pour les machines a été évaluée par le projet à 490 kil.

« On s'est basé, dit la brochure, sur des erreurs de calcul. » La consommation devant être calculée pour des machines de 14 chevaux à raison de 1 kil. 60 par cheval et par heure est de 537 kilog.

M. Midelet oublie que les machines ne développeront leur force de 14 chevaux que quand la distribution d'eau sera étendue aux faubourgs. Jusque là l'approvisionnement de la ville devant être de 600 mètres cubes par jour, il suffira de refouler 7 litres par seconde. Le rapport explique (p. 23) qu'en tenant compte de la perte de charge dans la conduite d'ascension, il suffit d'une force de 12 chevaux 14.

La dépense de combustible est proportionnée à la force que la machine développe réellement et non pas à celle qu'elle pourrait développer au maximum, autrement ce ne serait pas sur 14 chevaux, mais sur 28 qu'il faudrait calculer. Car les deux machines travailleront ensemble ainsi qu'il est expliqué à la page 25 du rapport. Le calcul sur 12 chevaux 14 à 1 kil. 60 donne 466 kilos par jour ; sur 13 chevaux 499 kilos, M. Renard a pensé qu'il était facile de réduire cette consommation à 490 kil.

Il est expliqué au rapport, page 39, que le constructeur des machines, M. Girard, s'engage à garantir ce maximum de consommation de 490ᵏ, pour 13 chevaux. Il ne peut donc pas y avoir de mécompte sur ce point. C'est en présence de cet engagement que le Conseil municipal a accepté le chiffre. Il n'y a donc pas d'erreur à cet égard.

La brochure, dans une note de la page 7, rapproche comme contradictoires deux passages du rapport ; dans l'un, pris à la page 21, les diamètres des conduits de la prise d'eau, sont indiqués comme devant débiter 17 litres par seconde ; dans l'autre, pris à la page 27, on ne parle plus que de 14 litres et de 7 au minimum.

Cette différence entre les chiffres, vient de ce qu'ils ne s'appliquent pas aux mêmes conduits. Le premier est relatif à la conduite de prise d'eau auprès des sources ; le second à la

conduite d'ascension sur la côte. Il ne faut pas confondre le
débit de la conduite de prise d'eau avec le volume d'eau que les
pompes pourront refouler dans la conduite d'ascension. Cha-
que pompe pourra refouler 7 litres par seconde, (ce qui produit 600^m cubes par jour; c'est-à-dire l'approvisionnement de
la ville) les deux pompes marchant ensemble refouleraient
donc 14 litres. Ce sont les chiffres de la page 27.

Les conduits de la prise d'eau sont établis de manière à
verser dans le puisard des pompes 17 litres par seconde, c'est-
à-dire une quantité d'eau supérieure à celle que les pompes
peuvent refouler. Cette disposition a pour but d'assurer le
service de ces pompes en procurant un approvisionnement
supérieur à la consommation prévue.

Le volume de l'eau élevée dans le réservoir, est par jour de
600^m cubes qui doivent alimenter le service public et celui
des particuliers. L'auteur de la brochure prétend que le projet
offre un déficit de 37^m cubes par jour. Pour démontrer cette
proposition, il raisonne ainsi : les concessionnaires ont droit à
250 litres par jour soit pour 228 concessions 57 mètres . . . . 57^m

Les 34 bouches d'eau versent sur la voie publi-
que 10^m cubes chacune, soit. . . . . 340 »
_____
Total . . . . . . 397 »

Il ne reste donc sur les 600^m que 200^m cubes « disponibles
» dans l'intérêt de la consommation des habitants. »

Or, le rapport dit qu'il faut 40 litres par jour et par habitant
soit pour 6,000 personnes, 240^m. Il n'y en a que 203, c'est
donc un déficit actuel de 37^m.

Dans ce calcul, l'auteur a oublié que le 1er article de son
compte attribue déjà 57^m cubes aux concessionnaires et que

les concessionnaires font partie des 6,000 habitants. Il faut évidemment comprendre ces 57^m dans la masse disponible dans l'intérêt de la consommation des habitants. Par conséquent les particuliers pourront consommer 260^m cubes, mais comme la moyenne de consommation n'est que 240^m cubes, il y aura un excédant de 20^m cubes au lieu du déficit signalé.

Il reste donc vrai de dire que l'approvisionnement journalier de 600^m cubes, assurera parfaitement l'alimentation de la ville.

Les concessions qui seraient demandées, seraient aisément servies puisque le projet a été conçu dans la prévision de 600 concessions. (V. p. 33 du rapport.)

Nous ne pouvons terminer sans protester contre un injuste reproche qu'on n'a pas craint d'adresser aux membres qui ont voté pour le projet.

On lit à la page 4 de la brochure : « à Laon, on sait que la « majorité du Conseil a, sur une simple lecture, adopté « séance tenante, le rapport du 3 juin 1867, sans tenir compte » des réclamations de la minorité. »

Cette allégation avait déjà été articulée il y a peu de temps dans une lettre signée d'un autre nom, et insérée dans un journal de la localité.

Elle doit être formellement démentie comme contraire à la vérité.

Il est étrange qu'on la produise avec cette persistance, quand on a assisté aux diverses réunions où le projet a été étudié, et où l'on a pris une large part à la discussion.

Voici la vérité :

Indépendamment des séances où a été examinée la question des voies et moyens financiers, le Conseil en ce qui concerne l'étude sur l'exécution du projet qui a fait l'objet dn rapport

du 3 juin 1867, a d'abord, dans une réunion du 22 janvier 1866, reçu les explications de M. Renard sur l'ensemble de ce projet et arrêté avec lui les bases d'après lesquelles il serait définitivement dressé.

Dans une séance du 16 juillet suivant, il a entendu la lecture du mémoire de M. Renard, résumant et justifiant toutes les dispositions du projet. Les pièces, comprenant ce mémoire, un devis descriptif, un cahier des charges, un avant métré, un bordereau des prix, un détail estimatif et des plans, ont été mises, à partir de ce moment, à la disposition des membres du Conseil.

Le Conseil s'est constitué *tout entier* en comité pour examiner le projet : et pour procéder à cet examen, discuter et voter, il s'est réuni :

1° Le 20 mars 1867. — Dans cette réunion, qui a suivie le vote sur les voies et moyens financiers, il a été donné une nouvelle lecture du mémoire justificatif de M. Renard.

Le Conseil a discuté les points principaux de ce travail et déterminé ceux sur lesquels il lui a paru nécessaire de demander des explications toutes spéciales à l'ingénieur, et M. le Maire a été chargé de les demander.

2° Le 11 avril 1867. — Dans cette séance, M. le Maire a donné lecture des réponses de l'ingénieur. La discussion s'est ouverte sur ces réponses; elle a continué sur les autres détails du projet, et le Conseil, pour mieux s'éclairer a décidé que M. Renard serait mandé à Laon, pour donner de nouvelles explications et répondre aux objections.

3° Le 4 mai, la discussion a été reprise en présence de M. Renard qui a répondu aux nombreuses questions et objections qui ont été faites; et a développé les explications qu'il avait déjà données, et en a fourni de nouvelles.

4° Le 10 mai, le Conseil a continué son examen, et il a adopté le projet avec les modifications dont les discussions antérieures avaient démontré la nécessité telles que l'agrandissement du bâtiment hydraulique, l'augmentation de la force des machines, celle du nombre des bornes-fontaines, dont l'établissement avait été décidé lors de la première lecture du mémoire dans une séance antérieure ; celle du chiffre des dépenses annuelles, et notamment du prix de la houille et du salaire du mécanicien.

M. Leroux a été chargé de faire en ce sens, le rapport qui devait être soumis au vote définitif du Conseil.

5° Enfin, dans la séance du 3 juin, M. Leroux a donné lecture de ce rapport dont, après nouvelle discussion, les conclusions ont été adoptées à la majorité de 15 voix contre une, et une abstention.

Dans ces diverses réunions, comme dans celles où fut examinée la question des voies et moyens financiers, la part la plus large fut faite à la discussion. M. le Maire engagea chacun à produire toutes ses idées, et à manifester tous ses doutes et ses objections; et les idées, et les objections, et les doutes se produisirent avec la plus entière indépendance. Donc il est injuste de prétendre qu'on ne tint aucun compte des réclamations des membres de la minorité. Toutes les réclamations et observations sont consignées dans de nombreuses notes qui restent au dossier de l'affaire, avec les réponses qui prouvent que si elles n'ont pas toutes prévalu dans le vote, toutes du moins ont été écoutées et discutées.

L'examen a donc été complet, sérieux et impartial, et il est aussi contraire à la vérité qu'injurieux pour les membres de la majorité de leur imputer devant leurs concitoyens d'avoir pu commettre un acte d'aussi coupable légèreté en votant;

séance tenante, et sur une simple lecture, un projet si important et si considérable.

DE BEAUVILLÉ, — BERTHAULT, — BREVAL, — CHARLIER,
— DÉPREZ, — ERMANT, — LEMAITRE, — LEROUX,
— MAQUA, — MARÉCHAL, — MARCY, — POUPART,
— RICHART, — DE ROMANCE, — DE SARS (ALPHONSE),
— et A. VINCHON.